Lb. 1358.

AF313039

EXAMEN

DU

COMPTE RENDU

DES

41 Députés réunis à Paris;

Par J.-M. C.....

PARIS,

Chez MOUTARDIER, Libraire, rue Gît-le-Cœur, N.º 4;

NANTES,

A LA LIBRAIRIE INDUSTRIELLE, CHEZ LAURANT,
Place du Commerce.

———

Juillet 1832.

PRÉFACE.

Quoi qu'on en ait dit, j'approuve fort l'usage des Préfaces. C'est dans la Préface qu'on s'explique avec le Public. On l'avertit de ce qu'il va lire. Si le sujet le tente, il continue; s'il ne lui convient pas, il s'arrête. Mais, dans tous les cas, l'Auteur a mis sa responsabilité à couvert, et c'est toujours une précaution bonne à prendre. C'est donc ce que je fais; et, pour tenir lieu de Préface, j'offre quelques réflexions que je soumettais à un ami, en lui parlant de mon opuscule :

« J'éprouve quelque honte, mon cher
» ami, à vous avouer le motif de cette
» lettre. Walter-Scott a dit que chacun
» en ce monde avait sa monomanie : c'est
» aussi mon opinion. Il n'y avait pas bien
» long-temps que je fréquentais les hommes,
» que déjà je m'étais dit : Nous sommes
» tous fous, plus ou moins, mais chacun
» de nous a son genre de folie. Ainsi, et
» d'après l'illustre romancier écossais, *le*
» *courtisan qui se ruine pour un vain titre*
» *ou un pouvoir dont il ne saurait user en*
» *homme sage, l'avare qui accumule ses*
» *inutiles trésors, et le prodigue qui*
» *dissipe les siens, sont tous un peu*
» *marqués au coin de la folie.* Enfin,
» moi, mon ami, je me suis imaginé que
» j'étais appelé à ramener mon siècle aux

» idées saines, à la justice, à la bonne
» foi, et pour cela j'ai déjà écrit bien des
» lignes, qui n'ont point été lues. Voici
» donc que je veux encore faire un inutile
» effort dans cette inutile entreprise. Vous
» aurez lu, sans doute, le *Compte rendu*
» des 41 Députés à Paris. Or, j'ai trouvé
» dans ce *Compte rendu* beaucoup de choses
» qui m'ont choqué, et j'y ai répondu. Je
» veux bien qu'on attaque le Ministère,
» mais je voudrais en même-temps deux
» choses : C'est d'abord qu'on l'attaquât
» avec bonne foi ; en second lieu, que
» du moins, parce qu'on est mécontent
» d'un Ministère, on n'allât pas jusqu'à
» se détacher du Gouvernement, d'un
» Gouvernement fondé il y a moins de
» deux ans, d'un Trône élevé aux accla-
» mations de la France !..... En un mot,
» je veux qu'on soit conséquent. Si l'on
» veut la République, il faut le dire fran-
» chement; mais si l'on veut la Monarchie.

» représentative , il faut aussi avoir le
» courage de le dire franchement, haute-
» ment, et l'homme dans lequel je crois
» apercevoir l'intention de se réserver la
» faculté de se dire ami de la Monarchie , si
» elle se maintient, ami de la République,
» si la République arrive , n'est pas un
» homme dont je puisse estimer les prin-
» cipes. Telles sont , au fond , les idées
» que je voudrais communiquer au Public :
« Mon vœu le plus ardent est qu'une
» plume meilleure que la mienne puisse
» les lui faire comprendre..... Et bien des
» masques tomberaient ! »

EXAMEN

DU

COMPTE RENDU

DES

41 DÉPUTÉS RÉUNIS A PARIS.

LE premier reproche à faire à la réunion des 41 Députés à Paris, c'est que cette réunion n'était ni légale ni constitutionnelle. La constitution ne reconnaît de Députés que pendant les sessions des Chambres convoquées légalement. La session close, le Député n'est qu'un simple Citoyen ; si donc, après la session, il se prévaut encore de son titre, il usurpe un droit qu'il n'a pas. Et combien il est affligeant de voir que, dans l'intérêt d'un vain et petit amour propre, des hommes supposés graves, que la France a investis de sa confiance, donnent eux-mêmes l'exemple du manque de respect pour les lois, et viennent encourager ce penchant à l'anarhie qui s'insinue partout, qui ne laisse plus de force à la loi, diminue le respect qu'on doit à l'autorité, et paralyse tous les efforts que peut faire l'administration supérieure, quelques généreuses que puissent être ses vues..... Et en effet, puisque des Députés, revêtant un titre que la constitution ne leur reconnaît pas, n'ont pas craint de se réunir pour délibérer encore, en leur qualité de Députés, pourquoi les Membres des Conseils - généraux ne se réuniraient - ils pas aussi quand et comme il leur plaîra? Pourquoi pas les Électeurs, pour examiner la conduite des Députés qu'ils ont nommés, et leur en tracer une nouvelle? Pourquoi l'Armée, la Garde Nationale ne s'assemblent-elles pas pour délibérer? En un mot, qui conservera encore quelque respect pour les pouvoirs établis, les formes constitution-nelles, puisque des Députés, gardiens de notre constitution, chargés de faire les lois, oublient que des lois existent, s'af-franchissent du respect qu'ils doivent à la constitution?... Mais j'abandonne la forme, d'ailleurs suffisamment appréciée par tout homme de bon sens et de bonne foi, et je m'occupe du *Compte rendu*.

La révolution, y dit-on, a été diversement appréciée. Les uns n'y ont vu qu'une modification de la restauration, et ils en ont conclu que les hommes et les principes de la restauration devaient être les hommes et les principes du gouvernement nouveau. D'autres y ont vu la consécration des principes de 1789 : c'est l'opinion des opposants..... Je ne trouve rien de vrai dans cette proposition. Par principes de la restauration, je suppose qu'on entend les bases constitutionnelles du gouvernement de la restauration, et alors je dis : ceux qui ont pensé que le gouvernement nouveau devait être fondé sur les mêmes principes que la restauration, n'ont pas cru pour cela que l'exécution de ces principes dût être confiée aux mêmes hommes. Le soutenir, ce n'est pas seulement se tromper sur la pensée du système suivi, c'est mentir aux faits : car il est certain que la plupart des administrations ont été renouvelées au moins en grande partie. Cela a eu lieu notamment dans les administrations qui sont le plus spécialement chargées de représenter la pensée du gouvernement : c'est-à-dire, les Parquets et tout ce qui dépend du Ministère de l'intérieur. Dans les autres administrations, les épurations ont été moins générales, mais là aussi elles étaient moins nécessaires. Toutefois, je reconnais et j'ai toujours cru que le gouvernement avait eu le tort de conserver certains fonctionnaires dont le zèle devait paraître suspect, et le tort plus grand d'appeler aux emplois des hommes dont les opinions mauvaises étaient connues. Mais, en blâmant cette faute du gouvernement, je ne lui assigne pas le même principe que l'opposition. Pour maintenir la révolution de juillet, qu'il a crue compromise par les exigences du parti ultra-libéral ou républicain, le gouvernement est tombé dans un extrême contraire, et il a appelé à lui des hommes qui avaient été et qui restaient peut-être encore attachés à l'ancien ordre de choses ; il les a appelés, non pas sans doute à cause de cet attachement, personne ne le croit, mais parce qu'il a pensé que ces hommes et le parti lui-même auquel ils tenaient se rattacheraient à un

Gouvernement sage, juste, tolérant qui les admettrait à jouir des bienfaits qu'il pouvait offrir. Cela même a été une faute, je le répète encore ; mais il ne faut pas lui supposer une cause qu'elle ne peut avoir, et qu'en effet elle n'a pas.

Quant à la manière dont l'opposition prétend avoir envisagé la révolution de juillet, je n'y crois point. Il n'est pas vrai que M. Mauguin, que M. Laffitte, quand ils allaient, le 28 juillet aux Tuileries, demander le rapport des ordonnances et le renvoi des Ministres, pensassent que le peuple de Paris, qui se battait dans les rues, songeât à faire une révolution sociale. A ce moment, ils savaient que le soulèvement de Paris n'avait été qu'une résistance à l'oppression ; ils savaient que c'était au nom de la charte que le peuple de Paris avait pris les armes contre le coup d'état de Charles X : l'un comme l'autre avaient concouru à cette adresse des 221, dans laquelle avaient été si nettement posés les principes de la monarchie d'après la charte ; ils savaient que c'était pour soutenir les principes de cette adresse, auxquels la France avait applaudi , que la France se soulevait contre l'entêtement d'un Roi imbécille qui n'avait pas su les comprendre. Ils savaient tout cela , et comment osent-ils dire, aujourd'hui, que dans la révolution de juillet ils avaient vu ce qu'ils appellent la consécration des principes de 89 , auxquels personne ne pensait plus , en un mot , une révolution sociale? Ainsi qu'on l'a dit , le peuple français ne s'est point métamorphosé dans trois jours , et suivant le mot spirituel de M. Thiers , celui qui ne savait pas écrire le 25 juillet, ne le savait pas encore le 1.er août. Si donc le peuple était resté le même ; si son esprit , ses mœurs n'étaient point changées , les principes qui lui convenaient le 25 juillet , lui convenaient encore le 1.er août ; car je ne partage pas l'opinion de ceux qui ont pensé qu'après la victoire , il était naturel de se montrer plus exigeant que pendant le combat, alors que l'issue en était encore incertaine. Quant à moi, je pense qu'en fait de principes, le principe bon avant le combat est encore un principe bon après la victoire, et si la charte de 1814 avait été reconnue la constitution la plus convenable , la mieux assortie

aux mœurs, aux besoins du peuple français,
il y aurait eu absurdité, sottise, niaiserie à
la rejeter après la révolution de juillet, par
la seule raison que c'eût été la charte de la
restauration. C'est aussi ce qu'ont pensé
les Députés, opposants et autres, aux
premiers jours de la révolution : ils ont
fait la charte de 1830. Cette charte est
fondée évidemment sur les mêmes principes
que la charte de 1814. Quelques droits ont
été étendus, quelques améliorations intro-
duites; mais enfin les principes essentiels
de la charte ont été maintenus : Un Roi
héréditaire, une Chambre des Pairs et une
Chambre des Députés. Quelques-uns, il est
vrai, croient qu'on a substitué le droit de
la souveraineté du peuple au droit divin;
mais ceux-là n'avaient point assez étudié
les éléments constitutifs du gouvernement
fondé par la Charte de 1814; et si seulement
ils avaient lu avec attention l'adresse des 221,
ils n'auraient pas cru qu'il fût besoin de la
révolution de juillet pour consacrer la
souveraineté du peuple. Quoiqu'il en soit,
beaucoup de gens aujourd'hui voudraient
bien n'avoir pas admis la charte de 1830;
mais lorsqu'enfin Louis-Philippe, en l'accep-

tant, dit que désormais elle serait *une vérité*, ce mot eut une grande popularité, et les gens qu'il faut signaler à la conscience du Peuple français, ce sont ceux qui n'étant pas devenus Ministres, ou qui, trompés dans leurs prévisions, ou blessés dans leur amour-propre, ou enfin pouvant faire de justes reproches au système suivi, veulent renverser un gouvernement qu'eux-mêmes ont fondé, parce que la direction s'en trouve pour un moment confiée à des hommes qu'ils n'aiment pas. A ce propos je dirai : Si parmi les Députés il s'en trouve qui n'ont admis le gouvernement représentatif-héréditaire qu'à la condition que le Roi où le Ministère leur conviendraient toujours, ceux-là, je le conçois, doivent se séparer du gouvernement, s'il n'est pas dirigé suivant leurs principes ; mais ceux-là aussi ont eu le tort d'accepter un gouvernement qu'ils ne comprenaient pas.

A propos de la liste civile, les opposants ont dit qu'ils avaient pensé *que la Royauté nouvelle avait d'autres conditions de force et d'existence que le luxe et la corruption des vieilles Monarchies.....* Tout le monde partage l'opinion de l'opposition, et l'oppo-

sition le sait bien ; ce que l'opposition sait
encore , et ce qu'elle ne veut pas avouer ,
c'est que la Royauté a besoin d'argent, non
pas seulement pour soutenir l'éclat de son
rang , mais encore pour pouvoir distribuer
à propos des secours ou des récompenses.
Par ces moyens , en effet , la Royauté se
fait aimer, se rend nécessaire ; elle devient
un objet d'espoir, de respect, de consolation
pour les peuples. Et les gens qui sont franchement attachés à la Royauté, en la considé-
rant comme principe d'ordre et sa stabilité,
voudraient que la Royauté fût aimée et res-
pectée. J'ajouterai que dans leurs profesions
de foi, nos représentants, ou ceux qui voulaient le devenir , croyaient avoir assez fait
pour leur prospérité, en demandant la réduc-
tion de l'ancienne liste civile à 12 millions ;
qu'il est vrai encore que , même au moment
où la liste civile fut discutée , et malgré les
progrès qu'avaient déjà faits certains esprits,
le chiffre de 12 millions fut voté par ceux-là
même qui aujourd'hui l'attaquent. Que si
pourtant des Députés, s'appuyant sur le secret
du vote, osent aujourd'hui blâmer un chiffre
qu'ils ont admis , attaquer une mesure qui
est leur ouvrage , qui pourra concevoir que

M. Laffitte , aussi lui , se soit associé à cet acte de l'opposition , lui qui avait préparé pour la Royauté de juillet une liste civile de *dix-huit millions !*..... Il faut s'affliger de ce que peut la mauvaise humeur , l'amour-propre blessé sur la conscience d'un honnête homme , et après cela faut-il s'étonner que le gouvernement actuel ait aujourd'hui tant d'ennemis parmi ceux-là mêmes qui , aux premiers jours , se sont honorés de l'avoir fondé ?

Les débats sur la constitution de la Pairie , disent les opposants , *ont été un vaste champ où les partisans des doctrines du régime déchu ont fait connaître à la fois leurs désirs et leurs regrets.....* Je pose à MM. les opposants cette question : Si la Pairie héréditaire était essentielle à la Monarchie représentative , devrait-on la rejeter , par là seulement que la Pairie héréditaire était une doctrine ou un principe de la restauration ? Et j'assure que pas un d'eux n'oserait répondre affirmativement. Puis, si en disant que ceux qui se sont montrés partisans de l'hérédité , ont mani-

festé, dans cette discussion, leurs désirs
et leurs *regrets*, on a voulu insinuer qu'ils
regrettaient l'ancienne famille, on ne pourrait reconnaître là que l'inconvenance habi-
tuelle aux partis, toujours croyant se
donner de la considération en calomniant
leurs adversaires. Je demande si en effet,
parmi les signataires du manifeste, il s'en
trouve un seul qui croit que M. Thiers,
par exemple, fasse des vœux pour la restauration de l'enfant du miracle. Disons
vrai : la chose avérée pour tout le monde,
c'est que le seul parti en France qui veuille
sincèrement, franchement la révolution de
juillet, c'est-à-dire qui ne veuille, ni ac-
tuellement, ni pour une autre époque,
Henri V ou la République, c'est le parti
du gouvernement, ou celui qu'on est con-
venu d'appeler le *juste milieu*. La preuve,
c'est que ce parti a été attaqué avec la
même fureur, avec la même injustice, les
mêmes calomnies, par les carlistes et les
républicains ; et quoiqu'on en ait dit, cette
preuve est irrésistible. Les carlistes ne
veulent pas de la révolution de juillet, ce
n'est donc pas parce qu'ils la croient compromise par le système du gouvernement

BIBLIOTHÈQUE ROYALE

qu'ils attaquent ce système ; ils ne veulent pas non plus de la république ; si pourtant ils soutiennent et n'ont pas honte de proclamer les principes qui doivent y conduire, c'est qu'ils pensent que ces principes sont les seuls qui puissent offrir des chances au triomphe de la cause qu'ils soutiennent. Je reviens à mon sujet. Moi aussi je m'étais prononcé contre l'hérédité de la Pairie : J'avouerai que les débats de la Chambre avaient ébranlé ma conviction ; mais enfin si j'avais à justifier les partisans de l'hérédité, je dirais : Si la Chambre des Députés et la Chambre des Pairs agissaient de concert pour renverser la Royauté, il est évident que la Royauté ne résisterait pas ; si le Roi et la Chambre des Pairs se réunissaient pour agir contre la Chambre des Députés, il est encore évident que la Chambre des Députés l'emporterait contre la Royauté et la Chambre des Pairs ; et quand toutes ces choses sont bien reconnues, je ne m'étonne pas que des Députés qui voulaient sincèrement la Royauté de juillet et qui n'ont pas craint de se compromettre en l'avouant, aient soutenu une institution qu'ils ont crue propre à fortifier la Royauté.

Le budget semblait devoir réunir toutes les opinions dans des vues d'économie et de soulagement des contribuables ; les continuateurs de la restauration ont trouvé toutes les dépenses légitimes, tous les impôts bien assis ; et, comme si ce n'eût pas été assez de la loi douloureuse de la nécessité, ils se sont chargés, dans leurs insultantes théories, de faire considérer comme un bienfait l'exagération de l'impôt... Tout d'abord, je m'étonne encore que M. Lafitte ait appuyé de sa signature la première partie de ce passage. M. Lafitte a présenté, comme Ministre, un budget plus fort que celui qu'il attaque comme Député. Or, si, comme je le pense, le Ministre a cru le budget qu'il demandait indispensable aux besoins du service, a-t-il acquis le droit, retombant ou se plaçant dans l'opposition, de le critiquer comme Député ? C'est une question que je soumets aux hommes honnêtes, qui pensent qu'on doit porter de la bonne foi partout, même dans les matières politiques. Sur cette première partie, j'ai une autre réponse à faire. Dans la commission du budget, il y avait un côté gauche et un côté droit ou du centre, comme on voudra. Le côté gauche se composait des hommes de l'opposition : l'économie proposée par eux (et c'est à celle-là seulement qu'il faut s'arrêter, car est-il besoin de dire que je ne tiens pas compte de discours de tribune s'adressant au peuple, et dans lesquels on demandait des économies de 100, 200, 300 et 400 millions) sur le budget du gouvernement était, si mes souvenirs ne me trompent pas, seulement de douze millions. L'économie réelle, si encore je ne me trompe, a été de dix millions. Or, si les choses sont ainsi, MM. les opposants le savaient, et il a fallu que la préoccupation de l'effet qu'on voulait produire fût bien grande, pour le leur faire oublier. Maintenant, j'arrive à la seconde partie du passage que j'examine. Or, personne n'a dit que l'exagération de l'impôt fût un bienfait : on a dit que l'impôt était un bon emploi des fonds, quand le gouvernement le demandait, et savait le tourner au profit du peuple. Telle a été la pensée de l'orateur au discours duquel on fait allusion : personne ne s'y est mépris, pas même les opposants. Puis, quand il serait vrai que cet orateur eût dit la sottise qu'on lui prête, il n'eût énoncé qu'une opinion personnelle, et il y a mensonge à l'imputer au parti que l'on veut combattre.

Autant et plus que nos adversaires, ont dit les opposants, *nous voulions, nous demandions la répression de toutes les atteintes à l'ordre public.* Je ne puis dire les choses que comme je les vois. Or, moi, je ne puis croire l'opposition, quand elle dit qu'elle a voulu, qu'elle a demandé la répression de toutes les atteintes à l'ordre public. Avant toutes choses, entendons-nous sur les mots. Il s'agissait de l'ordre public qui tendait à faire respecter le gouvernement né de la révolution de juillet : or, je suis tenté de croire que ceux-là ne l'aimaient pas, qui ont constamment soutenu les gens qui le troublaient.

C'est la rougeur sur le front, ont encore dit les opposants, *que nous avons plusieurs fois entendu, dans le cours de la session, les agens du gouvernement parler de la crainte de déplaire aux cabinets étrangers : nous croyions que la France était à jamais*

affranchie de cette humiliante influence...
Je n'admets pas ce langage dans des hommes
appelés à traiter des affaires de gouvernement.
C'est sans doute le mot de M. Lafayette qui
aura prévalu. M. Lafayette voulait qu'on
prît vis-à-vis des Puissances un langage
hautain. Ce langage pouvait convenir aux
principes ou au caractère de l'illustre général ;
mais il ne vaudrait rien pour quiconque
voudrait sérieusement s'occuper d'administration ; et l'homme à la tête des affaires
de la France, quel qu'il fût, qui penserait
que le gouvernement peut faire tout ce
qui lui convient, sans s'inquiéter si cela
pourrait plaire ou déplaire aux Puissances
voisines, pourrait bien ainsi se faire je
ne sais quelle sorte de réputation, mais
assurément ce ne serait pas celle d'un
homme d'État plus empressé à faire le bien
de son pays qu'à satisfaire son amour propre.
Ce n'est pas que je veuille qu'on s'humilie
devant les Puissances étrangères ; ce n'est
pas même que je veuille justifier la conduite
du ministère dans ses actes extérieurs ;
d'abord, parce que je ne les connais pas tous,
et ensuite, parce qu'il y en a quelques-uns que
moi-même je n'ai point approuvés. Mais

je veux dire seulement que des hommes de bon sens , affranchis de l'irritation que peut laisser un amour-propre blessé , n'auraient jamais posé en principe qu'un gouvernement ne doit pas craindre de blesser les intérêts des gouvernements amis qui l'entourent , et qui tous avec lui sont liés par un intérêt commun , base et garantie de leurs relations respectives.

Le manifeste se termine par la déclaration suivante : *La France de 1830 a pensé, comme celle de 89, que la Royauté héréditaire , entourée d'institutions populaires, n'a rien d'*INCONCILIABLE *avec les principes de la liberté.....*

Il ne me paraît pas que l'opposition ait heureusement choisi l'exemple qu'elle veut nous offrir. Il est vrai que la France de 1789 pensait que la Monarchie était compatible avec les libertés qu'elle voulait ; il est vrai encore qu'elle eut aussi l'intention franche de fonder une Monarchie ; mais se méprenant sur les principes qui convenaient à cette forme de gouvernement , elle fit la constitution de 91 , et le 10 août vint bientôt après. La France s'est montrée plus sage en 1830. Comme en 89, elle voulait encore la Monarchie ; mais elle connaissait mieux les caractères essentiels, les conditions indispensables qui convenaient à l'institution monarchique , et elle applaudit à la charte de 1830, qui les lui conservait : c'est que la France était de bonne foi , et marchait sans arrière pensée. En faut-il dire autant de l'opposition ? L'opposition a l'exemple que nous a laissé 89 ; elle a l'expérience du gouvernement représentatif ; elle connaît les conditions qui conviennent à ce gouvernement , et cependant elle se montre toute aussi imprévoyante que la France l'a été en 89. N'est-ce en effet qu'imprévoyance, n'est-ce pas calcul ? Le temps décidera cette question.... Je reprends la déclaration des opposants. *La royauté héréditaire* , nous disent-ils , *n'a rien d'inconciliable avec les principes de la liberté.* Or , si je dis que dans cette étrange façon d'attacher la France au gouvernement qui la régit , je ne trouve qu'une déclaration incomplète , un aveu timide en faveur de la Monarchie de 1830, on me répondra que la royauté de Louis-Philippe est nécessairement comprise dans la royauté héréditaire, qui n'est pas rejetée, et que cela suffit. Hé quoi donc ! J'en appelle aux souvenirs de MM. les opposans eux-mêmes et de la France aussi, qui, je pense, ne l'a point oublié ; combien parmi eux, lorsqu'ils ne songeaient encore qu'à se faire nommer Députés, avaient trouvé le moyen de protester de leur dévouement au Roi, à la Monarchie dont Louis-Philippe avait été élu chef ? Serait-ce qu'alors on sentait que, pour être nommé Député, il fallait être attaché au gouvernement qu'avait créé la charte de 1830 ; mais que maintenant, prévoyant une autre forme possible de gouvernement, on a pensé qu'il serait maladroit de se brouiller à l'avance avec elle ? Soit. Mais la France jugera si tous ces calculs, tous ces ménagements, toutes ces prévisions, sont faits dans son intérêt !... (1)

____

(1) Ce passage était écrit, et je m'étais déjà dessaisi de mes feuilles, pour les livrer à l'impression, quand un supplément au *Breton* du 12 juin, contenant la lettre de M. Odillon-Barrot, écrite de Paris, le 27 avril, est tombé entre mes mains. Tous les principes exposés en cette lettre ne sont pas les miens : je les crois, en général, incom-

Et quand en effet de toutes parts on voit

---

patibles avec la monarchie représentative, si on la conçoit, non comme un gouvernement de transition, mais comme un gouvernement de durée, auquel il conviendrait de rattacher toutes les opinions, tous les intérêts. Cependant je regrette que les mêmes principes, les mêmes déclarations, ne se retrouvent pas dans le *Compte rendu*. J'aurais aimé que les 41, parlant collectivement, eussent dit comme M. Barrot parlant en son nom personnel et s'adressant à l'un de ses collègues : « L'autre parti dont vous » parlez, et qui ne trouve de remède à notre situation » critique, que dans une révolution qui proclamerait » Napoléon II ou la République, fait aussi un grand mal » à la cause de la liberté.... » Plus loin, et s'occupant toujours des hommes de ce parti : « S'ils réussissaient, par » suite de quelqu'incident malheureux, à renverser le trône » de juillet, ils se trouveraient, le lendemain, en présence » d'une société qui leur demanderait à grands cris le repos, » la sécurité, la prospérité matérielle; et, au lieu de cela, » ils auraient à demander à cette société de se préparer à » un demi-siècle peut-être de nouveaux combats et de » nouvelles agitations. Le résultat d'une nouvelle tentative » serait, j'en suis convaincu, une forte réaction vers l'unité » plus absolue du pouvoir, et un pas rétrograde de la liberté » et de la civilisation : c'est assez vous dire que je n'apar- » tiens pas à ce parti, et je vous remercie de m'avoir rendu » cette justice. » Quoiqu'il en soit, cette lettre justifie ma remarque, et, si elle fait disparaître, quant à M. Barrot en particulier, le reproche que j'adressais à tous, et, je ne crains pas de l'avouer, à lui plus spécialement, mon argument n'en subsiste pas moins, fortifié même par la lettre de M. Barrot, contre les signataires du *Compte rendu* pris collectivement.

le gouvernement attaqué, calomnié, Louis-
Philippe grossièrement insulté, il y a du
moins à s'étonner que des Députés, parlant
au nom de la France, et qui devaient essayer
de la rassurer, s'ils voulaient encore la
royauté de juillet, et s'ils ne craignaient
pas de se compromettre en le proclamant
hautement, n'aient pas trouvé un mot pour
le chef élu de cette royauté, n'aient pas
fait un appel à tous les citoyens pour les
rattacher au trône constitutionnel fondé par
eux, et qu'ils ont reçu mission de défendre !
Puis j'ajoute : il existe en France un parti
républicain ; ce parti a de nombreux organes,
et, ne fût-ce que comme objet de trouble,
d'agitation, d'inquiétude, il méritait au
moins l'attention des Députés de la France...
Les 41 n'en ont pas dit un mot ! C'est
que peut-être on ne pouvait à la fois
se prononcer contre les doctrines répu-
blicaines et conserver la popularité ? Mais
quand on a la prétention de parler au nom
de la patrie, il faut se sentir capable de
tous les dévouements que son intérêt
exige !

Je ne m'occupe pas, au surplus, de cette assurance de l'opposition à nous montrer, dans de longues et emphatiques énumérations, d'une part, le mal qui est résulté du système suivi jusqu'ici ; d'autre part, le bien dont jouirait aujourd'hui la France, si on avait adopté le sien. La *Gazette* nous a montré tant de fois, et en termes qui valaient bien ceux de l'opposition, les bienfaits de la restauration et de ses principes, que je me suis habitué à me méfier de ces restaurateurs des États qui, comme par une fatalité attachée à l'espèce humaine, sont toujours ceux dont on a méconnu les conseils.

Deux grands événements sont survenus pendant et depuis que j'écrivais ce qu'on vient de lire. D'une part, la tentative insensée de la cour d'Holy-Rood ; d'autre part, l'émeute républicaine à Paris. Maintenant, il ne doit plus rester d'illusion d'aucune sorte. L'insurrection carliste démontre au gouvernement qu'il doit être désormais sans indulgence pour les gens de cette faction, que rien ne peut corriger; en même temps, elle prouve à tous ses ennemis que s'il a eu le tort de penser que ces gens-là pouvaient être ramenés, il n'en était pas moins disposé à défendre la révolution de juillet contre leurs attaques, aussitôt que ces attaques lui paraîtraient menaçantes. De son côté, l'émeute républicaine, produit d'une honteuse alliance, fait voir que l'exaltation n'est pas le vrai patriotisme... Voici donc le moment, pour tous les hommes amis de la révolution de juillet, de se rallier franchement et sincèrement au trône constitutionnel de Louis - Philippe. Que le gouvernement lui-même s'éclaire; qu'il sache reconnaître ses vrais amis ainsi que ses ennemis; mais qu'aussi l'on ne reconnaisse plus pour vrais patriotes désirant le bonheur réel du pays, que ceux qui ne veulent ni de Henri V ni de la république; car si une nouvelle restauration devait ramener avec elle les Jésuites et les congrégations, le pouvoir des prêtres et l'insolence des nobles, n'oublions pas non plus que

la république a eu ses échaffauds , et sachons
nous réunir contre les anarchies de toutes
sortes auxquelles on voudrait livrer notre
pays !.....

Imprimerie d'HÉRAULT , rue de Guérande , à Nantes.

www.ingramcontent.com/pod-product-compliance
Ingram Content Group UK Ltd.
Pitfield, Milton Keynes, MK11 3LW, UK
UKHW021632130726
13696UKWH00005B/2149

9 782014 053371